BEI GRIN MACHT SICH IHR WISSEN BEZAHLT

- Wir veröffentlichen Ihre Hausarbeit, Bachelor- und Masterarbeit

- Ihr eigenes eBook und Buch - weltweit in allen wichtigen Shops

- Verdienen Sie an jedem Verkauf

Jetzt bei www.GRIN.com hochladen und kostenlos publizieren

Bibliografische Information der Deutschen Nationalbibliothek:

Die Deutsche Bibliothek verzeichnet diese Publikation in der Deutschen National-
bibliografie; detaillierte bibliografische Daten sind im Internet über http://dnb.d-
nb.de/ abrufbar.

Dieses Werk sowie alle darin enthaltenen einzelnen Beiträge und Abbildungen
sind urheberrechtlich geschützt. Jede Verwertung, die nicht ausdrücklich vom
Urheberrechtsschutz zugelassen ist, bedarf der vorherigen Zustimmung des Verla-
ges. Das gilt insbesondere für Vervielfältigungen, Bearbeitungen, Übersetzungen,
Mikroverfilmungen, Auswertungen durch Datenbanken und für die Einspeicherung
und Verarbeitung in elektronische Systeme. Alle Rechte, auch die des auszugsweisen
Nachdrucks, der fotomechanischen Wiedergabe (einschließlich Mikrokopie) sowie
der Auswertung durch Datenbanken oder ähnliche Einrichtungen, vorbehalten.

Impressum:

Copyright © 2007 GRIN Verlag, Open Publishing GmbH
Druck und Bindung: Books on Demand GmbH, Norderstedt Germany
ISBN: 9783668339217

Dieses Buch bei GRIN:

http://www.grin.com/de/e-book/343891/unterschiedliche-funktionen-von-kinderkrip-
pen-entwurf-eines-forschungsdesigns

Selina Thal

Unterschiedliche Funktionen von Kinderkrippen. Entwurf eines Forschungsdesigns für eine Telefonbefragung

GRIN Verlag

GRIN - Your knowledge has value

Der GRIN Verlag publiziert seit 1998 wissenschaftliche Arbeiten von Studenten, Hochschullehrern und anderen Akademikern als eBook und gedrucktes Buch. Die Verlagswebsite www.grin.com ist die ideale Plattform zur Veröffentlichung von Hausarbeiten, Abschlussarbeiten, wissenschaftlichen Aufsätzen, Dissertationen und Fachbüchern.

Besuchen Sie uns im Internet:

http://www.grin.com/

http://www.facebook.com/grincom

http://www.twitter.com/grin_com

HUMBOLDT-UNIVERSITÄT ZU BERLIN

PHILOSOPHISCHE FAKULTÄT III

INSTITUT FÜR SOZIALWISSENSCHAFTEN

Seminar: Empirische Sozialforschung

Projektarbeit

Entwurf eines Forschungsdesigns

Die unterschiedlichen Funktionen von Kinderkrippen
Telefonische Befragung

INHALTSVERZEICHNIS

1. Einleitung, Problemstellung, Aufbau

Der Wohlfahrtsstaat und seine Institutionen sollen dem Wohlstand aller BürgerInnen dienen, indem sie individuelle Lebensrisiken sozial absichern und die gesellschaftliche Teilhabe aller ermöglichen (Lippl 2001: 7). Auch heute noch stellt der Arbeitsplatz dabei die zentrale Instanz dar, die gesellschaftliche Teilhabe gewährleistet. Frauen, die immer noch primär für die private Sphäre zuständig sind und auf dem Arbeitsmarkt keiner Gleichstellung mit den Männern gegenüberstehen, sind in dieser Hinsicht eindeutig benachteiligt. Um die parallele Vereinbarkeit von Familie und Beruf und somit die soziale Sicherheit zu fördern, wurden unterschiedliche sozialstaatliche Rahmenbedingungen geschaffen. Dazu gehören u.a.: Mutterschutz, Elternzeit, Erziehungsgeld, Kindergartenanspruch und die frühkindliche staatliche Betreuung in Form von Kinderkrippen (Schulz et al. 2006: 80).

De facto ist die Versorgung mit Kinderkrippenplätzen jedoch in der Bundesrepublik Deutschland unzureichend. Dies gilt im besonderen Maße für die alten Bundesländer. Im Vergleich mit anderen europäischen Ländern, einschließlich den USA, belegt die BRD mit einer Inanspruchnahme der frühkindlichen Betreuungseinrichtungen von ca. 10% eher die hinteren Ränge (BMfSFJ 2003: 8). Hingegen führt Dänemark mit einer Beteiligung von ca. 65% die Rangliste an (BMfSFJ 2003: 8). Die Bundesfamilienministerin Ursula von der Leyen will in diesem Zusammenhang, über den Bund, für das nächste Jahr 4 Milliarden Euro für den Ausbau von Krippenplätzen bereitstellen lassen (Wonka 2007). In der öffentlich geführten Debatte stellt von der Leyen vor allem die Funktion der parallelen Vereinbarkeit von Familie und Beruf in den Vordergrund (Wonka 2007). So gab sie in einem Interview vom 04.07.2007 in der Leipziger Volkszeitung bekannt: „Länder, in denen Beruf und Kindererziehung für Väter wie Mütter Hand in Hand gehen, haben eine höhere Frauenerwerbsquote, mehr Kinder und weniger Kinderarmut." (Wonka 2007). Trotzdem spielen im Zusammenhang mit Kinderkrippen neben der parallelen Vereinbarkeit von Familie und Beruf auch die Funktionen der Integration von Kindern mit Migrationshintergrund und der allgemeinen Förderung frühkindlicher Entwicklung eine Rolle (BMfSFJ 2005: 7). Neben dem rein quantitativen Ausbau gibt es also auch differente qualitative Aspekte zu beachten. Die Arbeit hat es sich folglich zur Aufgabe gemacht, die Bewertung der Bundesbürger zu den unterschiedlichen Funktionen der staatlich geförderten frühkindlichen Betreuung in Form von Kinderkrippen zu erfragen. Dabei ist das Anliegen herauszufinden, wie die einzelnen Funktionen bewertet werden bzw. welche Wichtigkeit ihnen in der Gesamtbevölkerung zukommt. Des Weiteren ist zu untersuchen, welche Variablen den jeweiligen Bewertungen zugrunde liegen. Ziel ist es, dem proklamierten Ausbau eine etwaige Richtung zu ebnen. Zwar ist der Bedarf an frühkindlichen Kinderbetreuungseinrichtungen vorhanden, jedoch ist es bis heute unklar, wie genau ein Ausbau gestaltet werden soll. Die Gründe für die divergierenden Bewertungen der Bundesbürger sollen schließlich Auskunft darüber geben, inwieweit gewisse Erwartungshaltungen mit der frühkindlichen Betreuung verbunden sind. Das bedeutet: Soll die politische Ausgestaltung von frühkindlichen Betreuungsangeboten primär dazu dienen, die parallele Vereinbarkeit von Familie und Beruf zu gewährleisten? Soll sie eher auf die qualitative Verbesserung in Form von fundierten pädagogischen Konzepten, die der umfassenden Erziehung und Bildung und somit schließlich der Förderung der Kinder im Kinderkrippenalter dienen, abzielen? Oder soll sie doch vornehmlich Kindern mit Migrationshintergrund die Chance einräumen, sich zu integrieren und die Lebenschancen v.a. durch Spracherwerb zu erhöhen? Schließlich könnten auch alle drei Funktionen gleichwertig von Belang sein. Außerdem können unter Bezugnahme auf die unterschiedlichen Variablen bzw. Faktoren, die die Bewertungen bedingen, eventuell bestimmte Bevölkerungsgruppen herauskristallisiert werden, für die ein gewisser qualitativer Ausbau konstatiert werden kann.

2. Forschungsstand

Der Forschungsstand wird konsequenterweise auch in die drei hier festgelegten Funktionen unterteilt. So wird zunächst die parallele Vereinbarkeit von Familie und Beruf, danach die Integration von Kleinkindern mit Migrationshintergrund und abschließend das Wohlergehen des Kleinkindes untersucht.

2.1 Parallele Vereinbarkeit von Familie und Beruf

Allgemein ist zu konstatieren, dass es keine gesamtgesellschaftlichen empirischen Studien zur Funktionsbewertung von Kinderkrippen gibt. Warum und wie die einzelnen Funktionen der Kinderkrippe von der deutschen Gesamtbevölkerung bewertet werden, ist daher unklar.

In den bisherigen Studien wurden hauptsächlich die wesentlichen Determinanten für Erwerbstätigkeit von Müttern mit mindestens einem Kind im Kinderkrippenalter herausgearbeitet bzw. auf ihre Signifikanz hin untersucht. Die Quintessenz aller dieser empirischen Arbeiten lässt sich wie folgt ausdrücken: Die Vereinbarkeit von Familie und Beruf ist bis dato eine „Frauensache" geblieben. Die Erwerbstätigenquote von Vätern mit mindestens einem Kind unter drei Jahren ist hingegen relativ unabhängig von dem Vorhandensein des Kindes (Mikrozensus/ Weinmann 2005: 9f.). Von den 1,9 Mio. Müttern der BRD mit Kindern unter drei Jahren gehen gerade einmal ein Drittel „einer aktiven Erwerbstätigkeit nach." (Schulz et al. 2006: 98). Faktoren, die die aktive Erwerbstätigkeit jener Mütter bedingen sind: Wohnort in den neuen Bundesländern, Vorhandensein einer nichtehelichen Lebensgemeinschaft, die Existenz von nur einem Kind im Haushalt, das Mindestalter von zwei Jahren des Kleinkindes, der Hochschulabschluss und die Zugehörigkeit zur „älteren" Generation von Müttern (Schulz et al. 2006: 98). Der Fakt, dass gerade in den ersten drei Lebensjahren des Kindes „die Absenz der Mutter am wenigsten akzeptiert wird", ist Ausdruck für die Signifikanz von Familienleitbildern und den damit verbundenen Rollenvorstellungen, die die entscheidende Rolle für die Einstellungen hinsichtlich der Vereinbarkeit von Familie und Beruf spielen (Schulz et al. 55). Auf die Einstellungsfrage, wie die Berufstätigkeit gestaltet werden sollte, „wenn Kinder unter drei Jahren in der Familie sind", antworteten mehr als die Hälfte der Befragten, dass die Frau nicht arbeiten gehen sollte (Schulz et al. 2006: 56). Ebenso plädieren ca. ein Fünftel beider Geschlechter für die Vollzeiterwerbstätigkeit des Mannes und der Teilzeiterwerbstätigkeit der Frau (Schulz et al. 2006: 56). Hinsichtlich der „Einstellung zu Mutterschaft und Berufstätigkeit" stimmten knapp die Hälfte der Männer und Frauen der Aussage zu, dass ein Vorschulkind unter der Berufstätigkeit der Mutter leiden würde (Schulz et al. 2006: 53). Ob jemand ein eher modernes oder traditionelles Familienleitbild bzw. Geschlechterrollenverständnis besitzt, ist dabei u.a. vom Bildungsabschluss abhängig, dies gilt für Männer ebenso wie für Frauen (Steinbach 2004, zitiert nach Schulz et al. 2006: 36). Des Weiteren treten diesbezüglich große Ost-West-Divergenzen auf, so wird die „Nur-Hausfrauen-Rolle" in den neuen Bundesländern deutlich weniger akzeptiert als in den alten Bundesländern (Ruckdeschel/Lengerer/ Dorbitz 2005: 49). Auch herrschen im Westen traditionellere „Vorstellungen von der Arbeitsteilung zwischen den Geschlechtern" als im Osten (Ruckdeschel/ Lengerer/ Dorbitz 2005: 50). „Die ISSP-Daten zeigen also, dass Männer in den ersten Lebensjahren eines Kindes eher den traditionellen Ernährermodell zustimmen als die befragten Frauen, die häufiger die Kombination der Familienarbeit mit einer Teilzeittätigkeit der Mütter favorisieren." (Schulz et al. 2006: 84).

Resümierend ist festzustellen: Zwar existieren einschlägige Studien zu den Einstellungen zur Vereinbarkeit von Familie und Beruf und zu den damit verbundenen Leitbildern von Familie und Geschlechterrollen, jedoch nicht im direkten Zusammenhang mit Kinderkrippen.

2.2 Integration von Kindern mit Migrationshintergrund

Leider sind keine Forschungsarbeiten oder Studien auffindbar, die sich direkt mit den Einstellungen der Bundesbürger zur Kinderkrippe und einem möglichen Beitrag ihrer zur Integration von Migrantenkindern beschäftigen. Dennoch belegen Studien, dass dieser Beitrag mit Hilfe von Kinderkrippen geleistet werden kann.

2.3 Wohlergehen des Kleinkindes

Die bisherige Forschung gibt zwar Aufschluss darüber, wie die Kinderkrippenfunktion des Wohlergehens des Kindes bewertet wird bzw. welche Auswirkungen außerfamiliale Betreuung auf die kindliche Entwicklung haben kann. Die Frage allerdings durch welche Faktoren die jeweilige Bewertung bestimmt wird, ist bis heute nicht Gegenstand empirischer Studien gewesen. In den neunziger Jahren haben sich vor allem Kinderärzte zu Wort gemeldet und einen Ausbau der Betreuungsplätze für Kleinkinder unter Berufung auf Forschungsergebnisse aus der GUS und der CSFR abgelehnt (vgl. hierzu Pechstein 1990). Allerdings konnte die Annahme, die außerhäusliche Betreuung erhöhe das gesundheitliche Risiko des Kindes, widerlegt werden (vgl. Jarmann und Kohlenberg 1988): Das National Research Council hat zweihundert pädiatrische Studien kritische gesichtet, die sich mit der gesundheitlichen Entwicklung von Kleinkindern beschäftigen. Dabei hat sich herauskristallisiert, dass keine signifikanten Unterschiede zwischen Kindern, welche zu Hause betreut werden, und jenen, die eine Betreuungseinrichtung besuchen, festgestellt werden, was die Häufigkeit und Art der Krankheiten und Verletzungen anbelangt (vgl. Fthenakis 1993: 26).

Auch die Effekte der außerfamiliären Kinderbetreuung auf die sprachlich-kognitive und sozial-moralische Entwicklung waren Gegenstand zahlreicher Untersuchungen (vgl. Laewen/Andres 2002; Sodian 1998; Clarke-Stewart&Fein 1983; Speck 1965). Kinder, die außerhäuslich betreut werden, weisen höhere Werte von sozialer Kompetenz auf als Kinder, die in familiärer Umgebung versorgt werden (vgl. Clarke-Stewart und Fein 1983). Nach denselben Untersuchungen weisen aber Kinder, die nicht zu Hause betreut werden, seltener Erwachsenenstandards hinsichtlich Verhalten und Gehorsam auf. Sie sind unhöflicher, weniger verträglich, ungehorsamer, ungestümer, gereizter und aggressiver. Dies lässt sich damit erklären, dass fremdbetreute Kinder selbständiger und fest entschlossen sind, ihren eigenen Weg zu gehen - ohne jedoch schon über die sozialen Fertigkeiten zu verfügen, mit denen sie dies problemlos erreichen könnten. Deswegen sind sie weniger gehorsam gegenüber ihren Eltern und ihren Erzieherinnen. Lange Zeit herrschte in der Deprivationsforschung die Annahme vor, die Mutter-Kind-Trennung und damit die Ersatzbetreuung könnten Schäden bei der Entwicklung des Kindes hervorrufen (vgl. Spitz 1945, 1946, Speck 1956, Pechstein 1972). Anfang der 70er Jahre ergaben aber bereits Untersuchungen über Auswirkungen der Mutterdeprivation, dass keinerlei Benachteiligung festzustellen ist, solange die Ersatzbetreuung durch eine hohe Qualität gekennzeichnet ist (vgl. Koliadis 1975: 141f). Unisono konstatieren Autoren, welche sich mit den Auswirkungen außerfamilialer Betreuung beschäftigen, dass außerhäusliche Kinderbetreuung bei guter Qualität positive Effekte bei den Kindern hervorruft. Clarke-Stewart und Fein (1983) erkennen, dass Betreuungsprogramme, welche strukturierte erzieherische Programme und Aktivitäten aufweisen, einen stärkeren positiven Effekt auf die kognitive und sprachliche Entwicklung haben als reine Betreuungsmaßnahmen. Die qualitativen Bedingungen der Betreuung sind von wesentlicher Bedeutung. Die kindergerechte Ausgestaltung der Betreuungsräumlichkeit, die Gruppengröße sowie die Professionalität des Personals spielen also eine wesentliche Rolle.

3. Theoretischer Hintergrund

Im Folgenden soll der theoretische Hintergrund von den drei Kinderkrippenfunktionen parallel Vereinbarkeit von Familie und Beruf, Integration von Kleinkindern mit Migrationshintergrund und Wohlergehen des Kleinkindes näher beleuchtet werden.

3.1 Parallele Vereinbarkeit von Familie und Beruf

Die in der Literatur befindlichen theoretischen Ansätze, lassen sich alle auf die Polarisierung der Geschlechter in der Zeit der Industrialisierung zurückführen. Dabei spielen folgende Ansätze eine Rolle: die Theorie der Geschlechtercharaktere bzw. die soziokulturelle Konstruktion des Geschlechtes, die doppelte bzw. dreifache Vergesellschaftung, das bürgerliche Familienmodell als ein familiales Leitbild, der Sekundärpatriachalismus und die „kontrollierte" Individualisierung. Von Belang sind hauptsächlich die ersten drei Theorien, da nur diese beiden Geschlechter thematisieren und der Anforderung die Gesamtbevölkerung der BRD befragen zu wollen, entsprechen.

Mit dem aufkommenden Kapitalismus im 18./19. Jahrhundert vollzog sich eine entscheidende Trennung: die Trennung von der Produktions- und Reproduktionssphäre mit klaren Zuweisungen an die Geschlechter (Hausen 2001: 162). In diesem Zuge kam es zur Domestizierung der Frau und der gleichzeitigen Entfamiliarisierung des Mannes (Hausen 2001: 176). Als Legitimation dienten dabei die sozial konstruierten Geschlechtercharaktere, die die physischen Differenzen von Mann und Frau in psychologische Eigenschaften übersetzten (Hausen 2001: 167). Das biologische Geschlecht ist daher vom sozialen Geschlecht zu unterscheiden. Gender bezeichnet nämlich „sozial konstruierte und kulturell definierte Aspekte der Geschlechterrolle, über die Männern und Frauen entgegengesetzte, einander ergänzende und hierarchisch angeordnete Positionen zugewiesen werden." (Heilmann 2007: 7). Die Wirtschaftsform des Kapitalismus ist zwar auf eine geschlechtsspezifische Hierarchisierung angewiesen, hebt sie aber durch das Ideal der „Ein-Ernährer-Familie" wieder auf (Nickel 1998: 6). De facto war es jedoch nie möglich Frauen gänzlich aus der Produktionssphäre zu exkludieren (Hausen 2001: 176). Spätestens in den 50er Jahren begann der soziale Wandel der Rolle der Frau, v.a. durch ihre steigenden Erwerbs-, Bildungs- und Karrierechancen (Schulz et al. 2006: 16f.). Mit Anbeginn jener Zeit stieg die Frauenerwerbsquote stetig an, jedoch primär auf der Ebene der Teilzeitbeschäftigung (Schulz et al. 2006: 30). Eben darum unterliegt die Frau, die primär für die private Sphäre zuständig sein soll, wenn sie gleichzeitig arbeiten geht, einer doppelten Belastung (Kreckel 1993: 58). Ebenfalls wird in der Wissenschaft von einer „dreifachen Vergesellschaftung" gesprochen, wenn man die Frau im Spannungsverhältnis von Erwerbstätigkeit, Haushalt und Kindererziehung betrachtet (Schulz et al. 2006: 37). Die unterschiedlichen Funktionslogiken der Produktions- und Reproduktionssphäre, die in rational und emotional eingeteilt werden können, betrefffen nach Kreckel ebenso den Mann als auch die Frau (Kreckel 1993: 58f.). In Bezugnahme auf die im 18./19. Jahrhundert einsetzende Industrialisierung ist des Weiteren die Etablierung des „bürgerlichen Familienmodells" zu nennen. Dabei wandelte sich die Familie vom „ganzen Haus", als eine rechtliche, politische und ökonomische Einheit, in eine „Gemeinschaft für Erziehung, Konsum, Freizeit und Entspannung. (...) Das neue Familienideal verschärfte die Ungleichheit zwischen den Geschlechtern. Dem Mann wurde die Rolle des Ernährers zugeschrieben, er war zuständig für die ‚Außenwelt'. Der Frau fiel die dienende Rolle in der ‚Innenwelt' der Familie zu, ihre Rolle ist es Ehefrau und Mutter zu sein: sie war für die häusliche Gemütlichkeit verantwortlich, hatte die

Kinder zu erziehen und – möglichst liebevoll – für den Ehemann zu sorgen." (Geißler 2006: 38). Auf die BRD bezogen, lässt sich feststellen, dass sich nach dem 2. Weltkrieg zwei unterschiedliche Leitbilder der Geschlechterordnung in Ost- und Westdeutschland entwickelten und dementsprechend politisch gefördert wurden. „Bei Familienleitbildern handelt es sich in der Regel um Konstrukte, die anzeigen, wie das Familienleben idealerweise gestaltet wird, z.B. wie Familienmitglieder interagieren und wie die emotionalen Beziehungen in einer Familie gestalten werden sollten." (Schulz et al. 2006: 42). Familienleitbilder werden dabei als „Gebilde aus Wertvorstellungen und Rollenkonzepten" definiert (Schulz et al. 2006: 42). Paradigmen für die Leitbilder bestehen aus dem Konzept von Mutterschaft bzw. Mutterbildern als auch der Vorstellung von der geschlechtlichen Arbeitsteilung in Beruf und Familie (Schulz et al. 2006: 44). In diesem Zuge verfolgten die alten Bundesländer eher das Ziel der „bürgerlichen Familie", in der das Ideal des „Ein-Ernährer-Modells", welches durch das männliche Geschlecht ausgeführt wird, beinhaltet ist (Nickel 1998: 18ff.). Eben darum war die parallele Vereinbarkeit von Familie und Beruf für das Gros der Mütter nicht möglich. In der DDR galt hingegen das „proletarische Familienmodell", welches sich durch die Berufstätigkeit beider Geschlechter auszeichnete und dementsprechend die parallele Vereinbarkeit von Beruf und Familie für die Mütter zu gewährleisten vermochte (Kreckel 1993: 55). Trotz des konstatierten Wandels der Familienleitbilder und der zunehmenden Flexibilisierung der Geschlechterrollen, kann man auch heutzutage noch nicht von einer vollständigen Modernisierung der Geschlechterstruktur ausgehen (Schulz et al. 2006: 31ff.). Denn die Modernisierung kann fast ausschließlich auf die Wandlung des weiblichen Rollenkonzepts angewandt werden (Schulz et al. 2006: 44). Zwar steht die Integration des weiblichen Geschlechts in den Erwerbsprozess längst nicht mehr zur Disposition, dennoch ist die Legitimation für eine Arbeit in der Kleinkindphase immer noch von Nöten (Schulz et al. 2006: 31). Die hohe Teilzeitbeschäftigungsquote von Müttern, welche auch als das „Ein-Einhalb-Ernährer-Modell" bezeichnet werden kann, steht in diesem Sinne für die Verharrungskräfte traditioneller Familienleitbilder und Geschlechterrollenvorstellungen (Blossfeld/ Rohwer 2001, zitiert nach Schulz et al. 2006: 47).

Es lässt sich abschließend feststellen, dass eben erst durch die Ontologisierung der Geschlechterrollen und der Trennung von Erwerbs- und Familienleben, das Problem der Vereinbarkeit von Familie und Beruf auftauchen konnte (Kreckel 1993: 55). Aufgrund dessen, dass die Frau auch heutzutage noch primär für die Privatssphäre zuständig ist, ist v.a. sie das Geschlecht, welches mit dem Problem von Vereinbarkeit von Familie und Beruf konfrontiert wird.

3.2 Integration von Kindern mit Migrationshintergrund

Innerhalb von nunmehr vier Jahrzehnten hat sich unsere Gesellschaft durch andauernde Migration und dem damit verbundenen Globalisierungsprozess zu einer multiethnischen Gesellschaft entwickelt. Das liegt, auf Deutschland bezogen, vor allem daran, dass in den 60er Jahren viele Arbeitsmigranten vorrangig türkischer Herkunft angeworben wurden. Nicht alle sind wieder in ihre Heimat zurückgekehrt, was dazu führte, dass unsere Gesellschaft multiethnisch geworden ist. Neben circa einer Million eingebürgerter Einwanderer waren im Jahr 2002 8,9% der Bevölkerung Ausländer. Der Großteil von ihnen lebt in den alten Bundesländern und in Großstädten.

Was die Integration von Personen mit Migrationshintergrund angeht, gibt es keine Theorie, die diese mit all ihren Aspekten umfassend erklären kann. Es gibt, je nach Teilaspekt, verschiedene theoretische Ansätze. Esser teilt die Integration in vier Formen, die Kulturation, Platzierung, Interaktion und Identifikation. Erstere bezeichnet den Erwerb kognitiver Fähigkeiten, die ein Individuum zur Teilhabe an einer Gesellschaft benötigt. Die Platzierung meint die Einnahme sozialer Positionen, zum Beispiel auf dem Arbeitsmarkt. Als Interaktion wird die Teilhabe an sozialen Netzwerken bezeichnet und die Identifikation spiegelt die Selbstplatzierung eines Individuums in der Gesellschaft wider (Janßen/ Polat 2005: 9ff.). In der Forschung wird natürlich auch diskutiert, wann Integration als „erfolgreich abgeschlossen" zu betrachten ist. Park und die Chicagoer Schule waren der Meinung, dass dies der Fall ist, wenn jegliche Fremdheit aufgehoben ist. Dem amerikanischen Ideal gemäß, stellten sie sich die Gesellschaft als *melting pot,* einem Schmelztiegel, vor. Esser jedoch hält eine gelungene Integration für fast utopisch, denn er beschreibt den Prozess der Assimilation nicht als zweiseitig von Migrant und Gesellschaft ausgehend, sondern als einseitigen Prozess, in dem sich die Migranten an die Gesellschaft angleichen. Da letztere aber immer heterogener wird, sei eine Angleichung schwierig (Janßen/ Polat 2005: 11). Janßen und Polat definieren die Integration dann als erfolgreich, wenn die „...Ethnizität für die Chancen in der Gesellschaft keine Rolle mehr spielt." (vgl. Janßen/ Polat 2005: 11) Die gemeinte Chancengleichheit beinhaltet den Arbeitsmarkt, das Wohnen, die Bildung etc.

Gerade letztere ist der ausschlaggebende Punkt für die mangelnde Integration vieler Personen, und somit auch Kindern, mit Migrationshintergrund. Frau Simon-Hohm hat herausgearbeitet, dass die Zahl der Migrantenkinder mit fehlenden Deutschkenntnissen in Deutschlands Kindergärten und Grundschulen sehr hoch ist. Nicht - deutsche Kinder besuchen außerdem am häufigsten die Hauptschule, die ihnen, wenn sie nicht sogar abbrechen, kaum weitere Bildungschancen eröffnen. 40% von ihnen erhalten einen Berufsabschluss, der geschlechtsspezifisch ausgewählt wird. Sprachliche Defizite sind allzu häufig der Fall und auch die sozialen und persönlichen Kompetenzen sind mangelhaft. (Simon-Hohm 2001:229)

Ein weiterer Aspekt, der die Integration von Migranten (-kindern) hemmt ist die Fremdenfeindlichkeit. Fremdenfeindlichkeit wird definiert als das sich im Handeln ausdrückende Vorhandensein negativer Einstellungen gegenüber Menschen anderer Rasse, Nationalität und Kultur (Winkler 2003: 3) Diese negativen Einstellungen bilden die Basis für Vorurteile und damit einhergehende ungleiche Chancen. In der Forschung gibt es die so genannte Kontakttheorie, die davon ausgeht, dass es einen Zusammenhang zwischen Fremdenfeindlichkeit und dem Kontakt, den eine Person mit einer anderen hat, gibt. Studien haben belegt, dass Menschen, die Kontakt mit ethnischen Minderheiten haben, diesen gegenüber auch aufgeschlossener sind. Die Theorie relativer Deprivation, belegt durch die Mainzer Analyse, betont den Aspekt des sozioökonomischen Status, der zu Fremdenfeindlichkeit führt. Personen, die das Gefühl haben, nicht so viel zu haben, zu können oder zu dürfen, wie ihnen eigentlich zusteht, sind depriviert. Ihre Erwartungen werden nicht erfüllt und somit neigen sie eher dazu, das Übel bei Personen anderer Rasse, Kultur oder Nationalität zu suchen. Ein Beispiel ist die Arbeitsplatzunsicherheit und das widerlegte Vorurteil, dass Ausländer die Arbeitsplätze wegnehmen. Dispositionstheorien gehen davon aus, dass im Sozialisationsprozess bestimmte Verhaltens- und Wertemuster erlernt werden, die die Ursache für Fremdenfeindlichkeit sein können. Zum Beispiel wurde nach dem Zweiten Weltkrieg die Theorie der autoritären Persönlichkeit entwickelt, die, so Winkler, wieder verstärkt zur Erklärung von Fremdenfeindlichkeit herangezogen wird (Winkler 2003: 2).

Da Fremdenfeindlichkeit an dieser Stelle das ausschlaggebende Merkmal zu sein scheint, welches die Ansicht einer Person beeinflusst, wenn sie gefragt wird, ob eine Kinderkrippe integrativ sein kann/sollte, konzentriert sich die Arbeit auch auf dieses. Somit gehen auch die Haupthypothese und Unterhypothesen auf den Aspekt der Fremdenfeindlichkeit ein.

3.3 Wohlergehen des Kleinkindes

Die kindliche Entwicklung ist eingebettet in einen Bezugsrahmen zahlreicher auch sehr unterschiedlicher Theorien. Die vorliegende Arbeit wird ausschließlich den Ansatz der Deprivationstheorie beleuchten.

Die allgemeine Deprivationsforschung befasst sich mit den Auswirkungen der Isolation von etwas Vertrautem, eines Verlustes oder des Gefühls einer sozialen Benachteiligung (Wiki?). In diesem Zusammenhang steht die Annahme im Vordergrund, dass speziell die Mutter-Kind-Trennung zu Schäden der frühkindlichen Entwicklung führen kann. Jene Studien verweisen auf die Probleme der kindlichen Entwicklung, die von akuten Belastungssymptomen aufgrund kurzzeitiger außerfamiliärer Betreuung bis zu ernsten Verhaltensstörungen infolge langzeitiger Fremdbetreuung reichen, welche sowohl die kognitive als auch soziale Entwicklung des Kindes negativ beeinflussen (Paterak 1999; Spitz 1945/1946) V.a. Bowlby ging davon aus, dass Mutter und Kind biologisch für eine enge Bindung bestimmt sind. So ist speziell in den ersten Lebensjahren eine enge seelische Bindung des Kleinkindes an die Mutter als Voraussetzung einer stabilen psychischen Entwicklung des Kindes notwendig (Bowlby 1951). Diese Tatsache verdeutlicht die ‚Biologisierung' eines sozial-konstruierten Phänomens.

Im Zuge der Bildungsexpansion in den 50er Jahren kam es zu einer zunehmenden Erwerbsorientierung der Frauen (Schulz et al. 2006: 16f.). Vor diesem Hintergrund ist die Deprivationstheorie als Reaktion auf eben diese verstärkte Berufsorientierung von Frauen zu verstehen. Das bereits zuvor erwähnte sozial-konstruierte Phänomen ist dabei ein wesentlicher Aspekt, wie schon in 3.1 angeklungen, des bürgerlichen Familienmodells. Relevant für die frühkindliche Förderung ist die mit diesem Leitbild einhergehende Emotionalisierung der Mutter-Kind-Beziehung. Das bedeutet, dass der Frau primär die Zuständigkeit für die frühkindliche Förderung als auch für das Wohlergehen des Kindes/der Kinder im familialen Bereich zugeschrieben worden ist (Geißler 2006: 38).

4. Hypothesen und Begründung

Dieser Abschnitt befasst sich mit den Haupt- und Unterhypothesen zu den jeweiligen Kinderkrippenfunktionen.

4.1 Parallele Vereinbarkeit von Familie und Beruf

Haupthypothese

- Befragten mit einem traditionellen Familienleitbild ist die Kinderkrippenfunktion der parallelen Vereinbarkeit von Familie und Beruf weniger wichtig als Befragten mit einem modernen Familienleitbild.

Begründung: Durch die Polarisierung der Geschlechter und die Trennung von Erwerbs- und Familienleben im Zuge der Industrialisierung, wurde dem Mann primär die Aufgabe zugeschrieben die Familie durch eine Vollzeiterwerbstätigkeit ökonomisch zu versorgen. Die Frau hingegen war für den Haushalt und die damit verbundene etwaige Kindererziehung zuständig. Die geschlechtsspezifische Arbeitsteilung und die normative Vorstellung der Zuständigkeit der Frau für die Kindererziehung, sind auch heute noch weit verbreitet. V.a. eine Vollzeiterwerbstätigkeit seitens der Mutter mit einem Kind im Kinderkrippenalter unterliegt immer noch einem hohen Legitimationszwang innerhalb der Bevölkerung. Das bedeutet gerade in jenem Kindesalter greift das „Ein-Ernährer-Ideal" noch am stärksten. Es ist daher davon auszugehen, dass Befragte mit einem traditionellen Familienleitbild die Kinderkrippenfunktion der parallelen Vereinbarkeit von Familie und Beruf weniger wichtig ist als Befragten mit einem modernen Familienleitbild.

Unterhypothesen

- Unter Westdeutschen ist das traditionelle Familienleitbild verbreiteter als unter Ostdeutschen.

Begründung: Nach der Teilung Deutschlands wurden im Osten und Westen zwei unterschiedliche Familienleitbilder etabliert: Die „proletarische" und die „bürgerliche" Familie. In den alten Bundesländern konnte das familiale Leitbild mit dem Ideal der „Ein-Ernährer-Familie" umschrieben werden. Dem Mann kommt dabei primär die Aufgabe zu, die wirtschaftliche Versorgung der Familie zu gewährleisten. Der Frau hingegen ist der Bereich der privaten Sphäre vorbehalten. In den neuen Bundesländern wurden beide Geschlechter in den Erwerbsprozess integriert. Beide Leitbilder beinhalteten also normative Vorstellungen von Geschlechterrollen und deren Arbeitsteilung. Auch nach der Wiedervereinigung erlischt die Funktion der Orientierungshilfe von familialen Leitbildern nur langsam. Es ist daher davon auszugehen, dass in den alten Bundesländern, durch die historische Entwicklung bedingt, das traditionelle Familienleitbild verbreiteter ist als in den neuen Bundesländern.

- Befragte mit höherer Bildung tendieren eher zu einem modernen Familienleitbild als Befragte mit niederer Bildung.

Begründung: Die Bildungsexpansion ab den 50er Jahren führte dazu, dass auch Frauen höhere Bildungsabschlüsse erwerben konnten. Mit dieser Entwicklung einher geht die stetig ansteigende Quote von Frauenerwerbstätigkeit. Die ansteigende Frauenerwerbsquote ist wiederum Ausdruck für die zunehmende Flexibilisierung der Geschlechterrollen und der traditionellen Familienleitbilder: „Frauen mit höherem Bildungsabschluss und, damit oft einhergehend, einem höheren Beitrag zum Haushaltseinkommen, sind eher in der Lage, partnerschaftliche Formen der Arbeitsteilung durchzusetzen als Frauen mit niedrigen Bildungsabschlüssen. Ebenso lässt sich zeigen, dass die Chance auf eine egalitäre Verteilung der Aufgabenlast mit der Höhe des Bildungsabschlusses des Mannes ansteigt." (Steinbach 2004, zitiert nach

Schulz et al. 2006: 36). Es ist daher davon auszugehen, dass Personen mit einem höheren Bildungsabschluss eher moderne Geschlechterrollenorientierungen und damit ein modernes Familienleitbild innehaben.

- Männer tendieren eher zu einem traditionellen Familienleitbild als Frauen.

Begründung: Wie schon im Theorieteil erwähnt vollzog sich der Wandel der Geschlechterrollen hauptsächlich auf weiblicher Seite. Mit dem Wandel der Frauenrolle ging auch ein Wandel der Vorstellung von der geschlechtsspezifischen Berufsbeteiligung einher. Mit dem Anstieg der Frauenerwerbsquote kam es jedoch nicht gleichzeitig auch zu einer Familiarisierung des Mannes. Dieses Phänomen, welches auch als „gebremste Modernisierung des Geschlechterverhältnisses" genannt werden kann, impliziert, dass Männer immer noch eher zu einem traditionellen Familienleitbild neigen als Frauen (Ruckdeschel/Lengerer/ Dorbitz 2005: 47ff.).

4.2 Integration von Kindern mit Migrationshintergrund

Haupthypothese

- Fremdenfeindlichen Personen ist die Integration von Kindern mit Migrationshintergrund in der staatlichen Krippe weniger wichtig als fremdenfreundlichen.

Unterhypothesen

- Personen, die in einer Großstadt leben, sind weniger fremdenfeindlich als Personen aus ländlichen Gegenden.

Begründung: Da ethnische Minderheiten nicht gleichmäßig auf die Bundesrepublik verteilt sind und sich vor allem in den alten Bundesländern und in

Großstädten ballen, ist es für diese Personen schneller möglich in Kontakt mit ethischen Minderheiten zu treten und Vorurteile abzubauen.

- Befragte, die in den alten Bundesländern leben, sind weniger fremdenfeindlich als Befragte aus den neuen Bundesländern.

- Personen, die sich auf einer Ideologieskala eher links einstufen, sind weniger fremdenfeindlich als Personen, die sich eher rechts einstufen.

Begründung: Politisch ideologisch eher rechts angesiedelte Wertevorstellungen tendieren auch eher zu autoritären Vorstellungen, eher links angesiedelte zu liberalen, die auch mit mehr Toleranz gegenüber Personen anderer Rasse, Nationalität und Kultur einhergehen. (Winkler 2003:5)

4.3 Wohlergehen des Kleinkindes

Haupthypothese

- Befragten mit einem traditionellen Familienleitbild ist die Funktion der Kinderkrippe Wohlergehen des Kleinkindes weniger wichtig als Befragten mit einem modernen Familienleitbild.

Begründung: Aus der Deprivationstheorie leitet sich ab, dass die außerfamiliäre Betreuung negative Auswirkungen auf die kindliche Entwicklung hat und damit das Kind nicht hinreichend gefördert werden kann. Mit der auf der biologischen Ebene befindlichen Deprivationstheorie verbunden, ist anzunehmen, dass das sozial-konstruierte Familienleitbild ausschlaggebend für die Zustimmung oder Ablehnung der Kinderkrippenfunktion Wohlergehen des Kindes ist. Ein traditionelles Familienleitbild geht davon aus, dass das Wohlergehen des Kleinkindes ausschließlich im familiären Bereich durch die Mutter gewährleistet werden kann.

Unterhypothesen

Die Variablen, von denen das familiale Leitbild abhängt, werden wie in den schon in 4.1 formulierten Unterhypothesen verortet.

5. Operationalisierung: Konstrukte und Indikatoren

In diesem Abschnitt operationalisiert die vorliegende Arbeit die zuvor formulierten Haupt- und Unterhypothesen der drei Kinderkrippenfunktionen. Allen Haupthypothesen gemein, ist die Kinderkrippenfunktion. Unter Kinderkrippe versteht die vorliegende Arbeit der Vollständigkeit halber außerfamiliäre Einrichtungen zur Betreuung von Kindern bis zum vollendeten dritten Lebensjahr. Die im Fließtext befindliche Bezeichnung „Kleinkind" bezieht sich immer auf ein Kind bis zu einem Alter von drei Jahren.

5.1 Parallele Vereinbarkeit von Familie und Beruf

Die in der Haupthypothese befindliche abhängige Variable „parallele Vereinbarkeit von Familie und Beruf als eine der Funktionen von Kinderkrippe" wird wie folgt definiert: Zunächst einmal gibt es vier verschiedene Dimensionen von der Vereinbarkeit Familie und Beruf. Einmal „nur Beruf", dann „parallel", „sequentiell" und schließlich „nur Familie" (Ruckdeschel/Lengerer/ Dorbitz 2005: 46). Da die Kinderkrippe die Funktion hat, die gleichzeitige Vereinbarkeit von Familie und Beruf und das vornehmlich für das weibliche Geschlecht zu gewährleisten, betrachtet die vorliegende Arbeit ausschließlich das Konstrukt parallele Vereinbarkeit von Familie und Beruf. Da die parallele Vereinbarkeit von Familie und Beruf zum überwiegenden Teil ein Frauenproblem darstellt und das v.a. in den ersten drei Lebensjahren des Kleinkindes, versteht die Arbeit unter Familie eine Mutter mit mindestens einem Kind im Kinderkrippenalter. Unter Kinderkrippenalter fallen dabei alle Kinder mit einem Alter unter bzw. gleich drei Jahren. Als Beruf wird eine Teilzeit- oder Vollzeitbeschäftigung seitens der Mutter mit mindestens einem Kind im Kinderkrippenalter angesehen.

Die Theorien der „bürgerlichen und proletarischen Familie" beinhalten das Konstrukt des Familienleitbildes. In der Haupthypothese stellt das Familienleitbild die unabhängige Variable dar, in den Unterhypothesen hingegen die abhängige Variable. Das Familienleitbild ist mehrdimensional und umfasst dabei die folgenden zwei Dimensionen: die Geschlechterrolle und die geschlechtsspezifische Arbeitsteilung (Schulz et al. 41ff.). Da Vereinbarkeit von Familie und Beruf eine Frauenangelegenheit ist, werden die zwei Dimensionen des Familienleitbildes der Einfachheit halber durch das Mutterbild und die geschlechtsspezifische Arbeitsteilung modifiziert. Beide Dimensionen können in diesem Zusammenhang in traditionell und modern aufgeteilt werden. Der Indikator für ein modernes oder traditionelles Mutterbild bildet dabei die Einstellung zu Mutterschaft und Beruf. Die Einstellung zu Mutterschaft und Beruf wird durch die Einstellungsfrage: „Ein Kind unter 3 Jahren wird unter der Berufstätigkeit der Mutter leiden" gemessen. Um eine eindeutige Zuweisung zu traditional oder modern vornehmen zu können, wird eine vierstufige Skala verwendet, die sich in „stimme voll und ganz zu", „stimme zu", „stimme nicht zu" und „stimme gar nicht zu" untergliedert. „Stimme voll und ganz zu" und „stimme zu" können dann einem traditionellen Mutterbild, hingegen können „stimme nicht zu" und „stimme gar nicht zu" einem modernen Mutterbild zugeordnet werden. Die moderne oder traditionelle geschlechtsspezifische Arbeitsteilung wird durch den Indikator „Vorstellung von Aufgabenteilung in Familie und Beruf" gemäß Schulz und der Eigenberechnung des Familiensurveys 2000 anhand der „Meinung zur Berufstätigkeit, wenn Kinder unter drei Jahren in der Familie sind" gemessen (Schulz et al. 2006: 55f.). Dabei handelt es sich um eine vierstufige Skala, die „beide voll", „beide teilzeit", „beide, einer teilzeit" und „einer nicht" umfasst. „Beide, einer teilzeit" und „einer nicht" untergliedern sich wiederum in Mann oder Frau. „Beide voll", „beide teilzeit", „beide, Mann teilzeit" („beide, einer teilzeit" seitens der Männer) als auch „Mann nicht" („einer nicht" in Bezug auf den Mann) entsprechen dann einer modernen geschlechtsspezifischen Arbeitsteilungsvorstellung. „Er voll, sie teilzeit" („beide, einer teilzeit" seitens der Frauen) sowie „Frau nicht" („einer nicht" in Bezug auf die Frau) entsprechen hingegen einer traditionellen geschlechtspezifischen Arbeitsteilungsvorstellung. Ein traditionelles Familienleitbild setzt sich ausschließlich aus einem traditionellen Mutterbild und einer traditionellen Vorstellung von Aufgabenteilung in Beruf und Familie zusammen. Diese

Definition beruht auf der Entscheidung für Eindeutigkeit, im Falle von etwaigen Inkonsistenzen, die bei den Einstellungsfragen auftreten könnten. Ein modernes Familienleitbild hingegen definiert sich über ein modernes Mutterbild und eine moderne Vorstellung von Arbeitsteilung bzw. über ein modernes Mutterbild und einer traditionellen geschlechtsspezifischen Arbeitsteilung oder auch über ein traditionelles Mutterbild und einer modernen Vorstellung von Aufgabenteilung in Familie und Beruf. Letztendlich wird die Bewertung der Kinderkrippenfunktion, parallele Vereinbarkeit von Familie und Beruf, durch die Indikatoren, die in Form von Aussagen verfasst sind, operationalisiert: a) „Es ist eine gute Sache, dass Mütter mit Kind/ Kindern unter drei Jahren durch Kinderkrippen einer Teilzeitbeschäftigung nachgehen können" und b) „Es ist eine gute Sache, dass Mütter mit Kind/ Kindern unter drei Jahren durch Kinderkrippen einer Vollzeitbeschäftigung nachgehen können", gemessen. Der Eindeutigkeit wegen wird auch in diesem Falle eine vierstufige Skala mit den Ausprägungen „stimme voll und ganz zu", „stimme zu", „stimme nicht zu" und „stimme ganz und gar nicht zu" verwendet. Den kausalen Zusammenhang für die jeweilige Bewertung bildet, wie schon herausgearbeitet das Familienleitbild des Befragten.

Die in der ersten Unterhypothese formulierte unabhängige Variable, ist auf das Konstrukt Ost- oder Westdeutsche zurückzuführen. Die Indikatoren für einen Ost- oder Westdeutschen bilden dabei das überwiegende Leben in den neuen oder alten Bundesländern sowie die deutsche Staatsangehörigkeit. Das Konstrukt Bildung ist durch die Indikatoren höchsten allgemeinbildenden Schulabschluss und höchsten beruflichen Ausbildungsabschluss definiert. Unter höherer Bildung wird ausschließlich einen abgeschlossenen Fachhochschul- bzw. Hochschulabschluss verstanden. Der allgemein bildende Schulabschluss fungiert dabei als Kontrollvariable. Die unabhängige Variable in der letzten Unterhypothese ist das männliche Geschlecht, welches gleichzeitig den Indikator bildet.

5.2 Integration von Kindern mit Migrationshintergrund

<u>Fremdenfeindlichkeit</u> wird definiert als das sich im Handeln ausdrückende Vorhandensein negativer Einstellungen gegenüber Menschen anderer Rasse, Nationalität und Kultur (Winkler 2003:3). Diese geht unter anderem aus verschiedenen

Überzeugungen hervor, die sich in ein dreigliedriges Überzeugungssystem unterteilen lassen. Es spielen sowohl die politische Ideologie, die nationale Identifikation und die Wertorientierung eine Rolle bei der Herausbildung von Werten und Einstellungen bezüglich Fremden.

- Die politische Ideologie lässt sich messen, indem sich der Befragte auf einer links- rechts- Skala selbst einstuft (Frage R3).
- Die nationale Identifikation wird gemessen, indem der Befragte auf einer Skala mit den Antwortvorgaben sehr stark, stark, teils/teils, weniger stark, gering die Ausprägung seines Nationalstolzes benennen soll.
- Die Wertorientierung hat die Pole liberal und autoritär. Gemessen wird diese, indem der Befragte einstufen muss, ob eher Strenge und Disziplin oder freiheitliches Handeln eine Rolle in seinem Leben spielen.
- Als <u>Kleinkind mit Migrationshintergrund</u> bezeichnet das Statistische Bundesamt ein Kind bis zum vollendeten vierten Lebensjahr mit mindestens einem Elternteil, der zugewanderter Ausländer, in Deutschland geborener Ausländer, eingebürgerter Ausländer und/oder Spätaussiedler ist. Auch Kinder mit doppelter Staatsangehörigkeit zählen dazu.

Da jedoch keine Kinder befragt werden sollen, spielt dieser Aspekt nur bei den Einstellungsfragen eine Rolle. Ob jemand deutsch oder nicht-deutsch ist, stellt nur eine Kontrollvariable dar. Es geht im ganzen Fragebogen um die staatliche Kinderbetreuung und in den Einstellungsfragen zur Integration wird gezielt auf Migrantenkinder eingegangen. Mit dem Begriff der <u>Integration</u> soll hier die soziale Integration gemeint sein. Dieser bezeichnet vor allem die Bildungs- und Berufschancen, die sprachlichen Kenntnisse und die gegenseitige Akzeptanz durch interethnische Kontakte (Geißler 2002:298ff.) Die Bildungs- und Berufschancen eines Kindes werden schon in der Schul- und Vorschulzeit beeinflusst. Frage E4 widmet sich diesem Thema und lässt die Befragten abstufen, in welchem Maße sie der Aussage, dass die Kinderkrippe allen gleiche Startchancen ermöglicht, zustimmen.

Der Aspekt der sprachlichen Förderung wird mit der Frage E8 angesprochen und ob der Befragte der Meinung ist, dass interethnische Kontakte die gegenseitige Akzeptanz fördern, wird in Frage E5 und E6 befragt.

5.3 Wohlergehen des Kleinkindes

Die in der Haupthypothese befindliche abhängige Variable „Wohlergehen des Kleinkindes" stellt auch gleichzeitig das theoretische Konstrukt dar. Diese Arbeit setzt den Indikator mit jenem theoretischen Konstrukt gleich. Diese Vorgehensweise wird als operationalistische Lösung bezeichnet (Schnell/Hill/ Esser 2005: 133). Trotz der Kritikanfälligkeit jenes Lösungsweges, beruft sich die Entscheidung auf andere zahlreiche Einstellungsfragen, in denen die abhängigen Variablen ebenso wenig vollständig einem oder mehrerer Indikator(en) zugeordnet wurden (Schulz et al. 2006: 52). Wohlergehen wird in diesem Zusammenhang gleichgesetzt mit Förderung. Zuwendung und Geborgenheit sind die emotionalen Bestandteile des Wohlergehens.

Unter Kleinkind versteht die folgende Arbeit ein Kind bis zum vollendeten Lebensjahr. Die Indikatoren für das Wohlergehen das Kleinkindes bilden folgende drei Aussagen: a) „Kleinkinder können in der Kinderkrippe genauso gut gefördert werden wie zu Hause", b) „Nur die Mutter kann dem Kind die Geborgenheit geben, nicht die Kinderkrippe" und c) „In der Kinderkrippe erfährt das Kleinkind nicht dieselbe Zuwendung wie bei der Mutter". Alle weiteren Operationalisierungsschritte erfolgen gemäß 5.1.

Zur Vollständigkeit halber sei erwähnt, dass alle Aussagen, die der Bewertung der Kinderkrippenfunktion dienen, anhand einer vierstufigen Skala zu messen sind: „stimme voll und ganz zu", „stimme zu", „stimme nicht zu" und schließlich „stimme ganz und gar nicht zu".

6. Forschungsdesign

Bei der vorliegenden Arbeit wird das Erhebungsinstrument bei einer telefonischen Querschnittsbefragung eingesetzt. Das Telefoninterview hat den großen Vorteil, dass es relativ preisgünstig und schneller durchgeführt werden kann, als bspw.

eine mündliche Befragung. Der Forscher ist als Interviewer sofort nach Abnahme des Telefonhörers am Forschungsobjekt und kann die Fragesituation kontrollieren. Da heutzutage fast Jede/r einen Festnetzanschluss oder ein Handy besitzt, ist die Erreichbarkeit aller möglichen Befragten gewährleistet. Das wirft aber gleichzeitig das Problem auf, da insbesondere Mehrfachanschlüsse oder –eintragungen eine höhere Wahrscheinlichkeit haben, frequentiert zu werden. Die Nummernstruktur ist zudem unterschiedlich, was die Durchführung mit RDD (Random Digit Dialing) erschwert. Zudem nimmt die Bereitschaft zur Teilnahme bei Telefoninterviews aufgrund permanenter telefonischer Belästigung mit Werbung etc. ab. Ebenfalls ein besonderes Augenmerk muss auf die Fragenbogenkonstruktion gelegt werden. Die Fragen müssen möglichst kurz sein und die Antwortmöglichkeiten einprägsam. Das gesamte Interview sollte eine Dauer von 15 Minuten nicht überschreiten, weil die Aufmerksamkeit bei den Befragten stetig abnimmt. Die Wahrscheinlichkeit, Befragte mit bestimmten Merkmalen oder aus verschiedenen sozialen Gruppen telefonisch befragen zu können hängt von verschiedenen Merkmalen ab. Zum einen sind Mehrpersonenhaushalte durch eventuelle mehrere Rufnummern und der höheren Wahrscheinlichkeit der Anwesenheit mindestens einer Person im Vorteil. Junge Menschen sind durch die vielfältige und Nutzung von Telefon und Handy besser zu erreichen als ältere Menschen. Diese sind hingegen zu bestimmten Tageszeiten, wo Erwerbstätige sich auf Arbeit befinden, besser zu erreichen, ebenso wie Hausfrauen und Frauen im Erziehungsurlaub etc. Höher Gebildete sind ebenfalls häufiger vertreten, da sie durch zahlreiche soziale Kontakte mehr Wert auf Erreichbarkeit legen und in den Telefonbüchern möglicherweise öfter registriert sind.

Allgemein werden bei beiden Random-Stichproben die Befragungspersonen zufällig ausgewählt. Dazu werden bestimmte örtliche Gebiete ausgesucht, deren Daten über die Einwohner man von Einwohnermeldeamt beziehen kann, um bspw. eine bestimmte Zielgruppe zu befragen. Bei dem RDD-Verfahren werden die zu wählenden Telefonnummern vom Computer generiert. Das zweite Verfahren, Random Last Digit (RLD), verfährt ähnlich, jedoch wird bei der funktionierenden Telefonnummer nur die letzte Ziffer verändert, um eine neue zu generieren. Ebenfalls eine Möglichkeit ist das Benutzen der Telefonnummern aus dem Telefonbuch. Allerdings ist dabei zu bedenken, dass jeder Telefonbesitzer selbst entscheiden kann, ob er dort aufgeführt wird oder nicht. Um die Fragen und Antworten mit möglichst wenig Fehlern aufzuzeichnen und zu protokollieren wird CATI (Computer-Assisted Telephone Interviewing) verwandt. Das heißt, dass der Interviewer das Erhebungsinstrument auf einem Computerbildschirm sieht, von dort seine Anweisungen etc. bezieht und die Antworten auch in den vorher programmierten Fragebogen einträgt. Durch automatische Filterführung und die Möglichkeit innerhalb des Erhebungsinstrumentes, die Antworten auf Plausibilität und Wahrheitsgehalt überprüfen zu können, ist diese Programmierungsform heute oft genutzt. Durch die schnelle Verarbeitung sinkt die Interviewerdauer, sowie es die anschließende Datenauswertung erheblich erleichtert und eine Abfrage und Auswertung per Papier vermeidet.

Die Befragung per Telefon ist in dieser Arbeit keine freie Entscheidung, sondern vorgegeben, aber die Arbeitsschritte bei der Konzeptualisierung des Erhebungsinstrumentes sind mit kleinen Abstrichen die gleichen wie bei der schriftlichen oder der Online-Befragung.

7. Grundgesamtheit und Auswahlverfahren

Die Befragung wird telefonisch von den Studenten des Kurses Empirische Sozialforschung I in zwei Zeiträumen von je einer Woche Mitte September und Anfang Oktober durchgeführt, in jeweils 3-Stunden-Schichten von 15-21 Uhr. In dem Erhebungsinstrument werden die Themen Arbeitsmarkt, Wohlfahrtsstaat, Familie und soziale Beziehungen und Kriminalität in Fragen subjektiv und objektiv thematisiert. Bei dieser Telefonumfrage werden nur Personen ab 18 Jahren teilnehmen. Jede Person mit Telefonanschluss in der Bundesrepublik Deutschland, vorwiegend Festnetz, ist potenziell als Befragte/r möglich. Allgemein werden bei beiden Random-Stichproben die Befragungspersonen zufällig ausgewählt. Bei der telefonischen Umfrage gibt es zwei gängige Verfahren. Bei dem RDD-Verfahren (Random Digit Dialing) werden die zu wählenden Telefonnummern zufällig vom Computer generiert. Das zweite Verfahren, Random Last Digit (RLD), verfährt ähnlich, jedoch wird bei einer funktionierenden Telefonnummer nur die letzte Ziffer verändert, um eine neue zu generieren. Ebenfalls eine Möglichkeit ist das Benutzen der Telefonnummern aus dem

Telefonbuch. Allerdings ist dabei zu bedenken, dass jeder Telefonbesitzer selbst entscheiden kann, ob er dort aufgeführt wird oder nicht.

Um die Fragen und Antworten mit möglichst wenig Fehlern aufzuzeichnen und zu protokollieren wird CATI (Computer-Assisted Telephone Interviewing) verwandt. Das heißt, dass der Interviewer das Erhebungsinstrument auf einem Computerbildschirm sieht, von dort seine Anweisungen etc. bezieht und die Antworten auch in den vorher programmierten Fragebogen einträgt. Durch automatische Filterführung und die Möglichkeit innerhalb des Erhebungsinstrumentes, die Antworten auf Plausibilität und Wahrheitsgehalt überprüfen zu können, ist diese Programmierungsform heute oft genutzt. Durch die schnelle Verarbeitung sinkt die Interviewerdauer, sowie es die anschließende Datenauswertung erheblich erleichtert und eine Abfrage und Auswertung per Papier vermeidet.

Die Befragung per Telefon ist in dieser Arbeit keine freie Entscheidung, sondern vorgegeben, aber die Arbeitsschritte bei der Konzeptualisierung des Erhebungsinstrumentes sind mit kleinen Abstrichen die gleichen wie bei der schriftlichen oder der Online-Befragung.

8. Zusammenfassung und nächste Schritte

Die vorliegende Arbeit stellt einen ersten Schritt zur Erarbeitung eines Forschungsdesigns für eine repräsentative Telefonumfrage zum Thema Beurteilung von Kinderkrippenfunktionen dar. Aus dem theoretischen Hintergrund wurden drei wesentliche Funktionen von Kinderkrippen hergeleitet:

- Parallele Vereinbarkeit von Familie und Beruf
- Integration von Kindern mit Migrationshintergrund
- Wohlergehen des Kindes

Die drei identifizierten Funktionen wurden operationalisiert und somit für eine Telefonumfrage messbar gemacht.

In einem nächsten Schritt gilt es, das Erhebungsinstrument auszugestalten. Bei der Konstruktion des Fragebogens und der Programmierung müssen insbesondere Filterführungen und die sinnvolle Anordnung der Frageblöcke beachtet werden. Standarddemographische Fragen sollten bspw. eher am Schluss gestellt werden. Darüber hinaus sollten zur besseren Handhabung des Erhebungsinstruments Hinweise und Hilfestellungen für die InterviewerInnen mit eingebaut werden. Zur Herstellung und Wahrung der Standardisierung, dem einheitlichen Vorgehen bei der telefonischen Befragung, müssen Schulungsunterlagen und die Schulungsdurchführung für die zukünftigen InterviewerInnen vorbereitet werden.

Bevor die Telefonumfrage startet, sollte das Erhebungsinstrument mithilfe eines Pretests überprüft werden. In diesem Kontext wird der entwickelte Fragebogen an Testpersonen erprobt, die entweder vorher ausgewählt werden oder direkt aus der Grundgesamtheit stammen. Bei der bewussten Auswahl sollte die Ähnlichkeit zur Grundgesamtheit gewahrt werden. Außerdem sollten diese Testanrufe unter den gleichen Befragungsbedingungen wie die eigentliche Umfrage erfolgen (u.a. derselbe Anrufzeitraum etc.). Die im Pretest gewonnenen Ergebnisse dienen als Grundlage für letzte Anpassungen und Überarbeitungen im Erhebungsinstrument. So können bspw. „holprige" Formulierungen oder schwer verständliche Fragen/Antwortkategorien identifiziert und eliminiert werden.

9. Literaturverzeichnis

- Bowlby, J. (1951). Maternal care and mental health. World Health Organisation. Monographs Series No. 2. Dt.: (1973a). Mütterliche Zuwendung und geistige Gesundheit. München: Kindler.

- Bundesministerium für Familie, Senioren, Frauen und Jugend (Hrsg.) (2003): Perspektiven zur Weiterentwicklung des Systems der Tageseinrichtungen für Kinder in Deutschland. Zusammenfassung und Empfehlungen. Berlin/Bonn.

- Bundesministerium für Familie, Senioren, Frauen und Jugend (Hrsg.) (2005): Monitor Familiendemographie. Ausgabe Nr. 2: Wer betreut Deutschlands Kinder? Berlin.

- Dorbitz, Jürgen/ Lengerer, Andrea/ Ruckdeschel, Kerstin (2005): Einstellungen zu demographischen Trends und zu bevölkerungsrelevanten Politiken. Ergebnisse der Population Policy Acceptance Study in Deutschland. In: Bundesinstitut für Bevölkerungsforschung beim Statistischen Bundesamt (Hrsg.), Schriftenreihe des Bundesinstituts für Bevölkerungsforschung Sonderheft 1.Auflage. Wiesbaden: Deutsche Bibliothek - CIP Einheitsaufnahme.

- Geißler, Rainer (2006): Die Sozialstruktur Deutschlands. 4. Auflage Wiesbaden: 69-92 (Kap. 4: Die Entwicklung der materiellen Lebensbedingungen).

- Hausen, Karin (2001): Die Polarisierung der „Geschlechtscharaktere" – Eine Spiegelung der Dissoziation von Erwerbs- und Familienleben. In: Sabine Hark (Hrsg.), Dis/Kontinuitäten: feministische Theorie. Opladen: 162-185.

- Heilmann, Andreas (2007): Folien zur 12. Vorlesung „Sozialstruktur, Geschlechterbeziehungen und räumliche Differenzierung", LV-Nr. 53006. Humboldt-Universität zu Berlin, Institut für Sozialwissenschaften. Sommersemester 2007, 09.08.2007.

- Kreckel, Reinhard (1993): Doppelte Vergesellschaftung und gesellschaftsspezifische Arbeitsmarktstrukturierung. In: Frerichs, Petra/ Steinrücke, Margarete (Hrsg.), Soziale Ungleichheit und Geschlechterverhältnisse. Opladen: 51-63.

- Lippl, Bodo (2001): Soziale Sicherheit durch den Sozialstaat? Einschâtzungen zu Rente, Arbeitslosigkeit und Krankheit in Ost- und Westdeutschland, in: Informationsdienst Soziale Indikatoren (ISI) 26, 7-11. In: http://www.gesis.org/Publikationen/Zeitschriften/ISI/pdf-files/isi-26.pdf (Zugriff: 01.08.2007).

- Mikrozensus/ Weinmann, Julia (2005): Leben und Arbeiten in Deutschland. In: Statistisches Bundesamt (Hrsg.), Sonderheft 2: Vereinbarkeit von Familie und Beruf. Ergebnisse des Mikrozensus 2005. Wiesbaden: SFG Servicecenter Fachverlage.

- Mühling, Tanja/ Rost, Harald/ Rupp, Marina/ Schulz, Florian (2006): Kontinuität trotz Wandel. Die Bedeutung traditioneller Familienleitbilder für die Berufsverläufe von Müttern und Vätern. München/Weinheim: Juventa Verlag.

- Nickel, Hildegard Maria (1998): Zurück in die Moderne? Kontinuitäten und Veränderungen im Geschlechterverhältnis. In: Funkkolleg „Deutschland im Umbruch", Studieneinheit 17. Tübingen: 4-36.

- Paterak, Heike (1999): Institutionelle Früherziehung im Spannungsfeld normativer Familienmodelle und gesellschaftlicher Realität. Münster: Waxmann.

- Schnell, Rainer/ Hill, Paul B./ Esser, Elke (2005): Methoden der empirischen Sozialforschung. München/Wien: Oldenbourg.

- Spitz, René (1945): Hospitalism: An inquiry into the genesis of psychiatric conditions in early childhood. In: Psychoanalytic Study of the Child 1, S.53-74.

- Spitz, René (1946): Anaclitic depression. In: Psychoanalytic Study of the Child 2, S.313-342.

- Wonka, Dieter (2007). Familienpolitik. Von der Leyen: „Die entscheidende Bresche ist geschlagen." In: Leipziger Volkszeitung vom 04.07.2007, file:///C:/Dokumente%20und%20Einstellungen/ich/Desktop/2370_20232.htm (Zugriff: 01.08.2007).

BEI GRIN MACHT SICH IHR WISSEN BEZAHLT

- Wir veröffentlichen Ihre Hausarbeit,
  Bachelor- und Masterarbeit

- Ihr eigenes eBook und Buch -
  weltweit in allen wichtigen Shops

- Verdienen Sie an jedem Verkauf

Jetzt bei www.GRIN.com hochladen
und kostenlos publizieren